국제PEN한국본부
창립70주년기념 시인선
09

징검다리

이한재 시집

International PEN-Korea Center **pen**

국제 PEN 헌장

국제PEN은 국제PEN대회 결의에 따라 다음과 같이 헌장을 선포한다.

1. 문학은 각 민족과 국가 단위로 이루어지나, 그 자체는 국경을 초월하여 그 어떤 상황 변화 속에서도 국가 간의 상호 교류를 유지해야 한다.

2. 예술 작품은 인간의 보편성에 바탕을 두고 길이 전승되는 재산이므로 국가적 또는 정치적 권력으로부터 간섭을 받아서는 안 된다.

3. 국제PEN은 인류 공영을 위해 최대한의 영향력을 발휘해야 하며 종족, 계급 그리고 민족 간의 갈등을 타파하는 동시에 전 세계 인류가 평화롭게 살아갈 수 있다는 이상을 실현하기 위하여 최선을 다해야 한다.

4. 국제PEN은 한 국가 안에서나 또는 세계 여러 나라에서 사상의 교류가 상호 방해 받지 않는다는 원칙을 준수하며, PEN 회원들은 각자 국가나 지역사회에서 어떤 형태로든 표현의 자유를 억압하는 데 반대할 것을 선언한다. 또한, PEN은 출판 및 언론의 자유를 주창하며 평화시의 부당한 검열을 거부한다. 아울러 PEN은 정치와 경제의 올바른 질서를 지향하기 위해 정부, 행정기관, 제도권에 대한 자유로운 비판이 필수적이고 긴요하다는 사실을 확신한다. 이와 함께 PEN 회원들은 출판 및 언론 자유의 오용을 배격하며, 특정 정치 세력이나 개인의 부당한 목적을 위해 사실을 왜곡하는 언론 자유의 해악을 경계한다.

이러한 목적에 동의하는 모든 자격 있는 작가들, 편집자들, 번역가들은 그들의 국적, 언어, 종족, 피부 색깔 또는 종교에 관계없이 어느 누구라도 PEN 회원이 될 수 있다.

(사) 국제 PEN 한국본부 연혁

　국제PEN본부는 1921년에 창립되어 2023년 3월 현재 145개국 154개 센터가 회원으로 가입돼 있는 세계적인 문학단체이다. 국제PEN본부는 영국 런던에 본부를 두고 있으며 특히 UN 인권위원회와 유네스코 자문기구로 현재 전 세계 문인, 번역가, 편집인, 언론인들의 표현의 자유를 옹호하고 인권 문제를 다루고 있는 단체이다.

　한국PEN은 1954년 9월 15일 변영로·주요섭·모윤숙·이헌구·김광섭·이무영·백철 선생 등이 발기하여 같은 해 10월 23일 당시 서울 소공동 소재 서울대학교 치과대학 강당에서 창립총회를 열고 국제펜클럽한국본부로 공식 출범하였다. 국제펜클럽한국본부는 그 이듬해인 1955년 6월 비엔나에서 열린 제27차 세계대회에서 정식회원국으로 가입하고 그해 7월에 인준을 받아 오늘에 이르렀으며 2022년 3월 현재 회원 수는 4,000여 명이다.

　(사)국제PEN한국본부(International PEN Korea Center)는 역사와 권위를 자랑하는 국제적 문학단체로서 회원들의 양심과 소신에 따른 저항권과 표현의 자유를 옹호하고 구속 작가들의 인권문제를 다루며 한국의 우수 문학작품을 번역,

세계 각국에 널리 알리고 우리 민족의 고유문화와 전통문화 등을 해외에 소개하는 한편 세계 각국과 문화 교류 및 친선을 도모하는 데 주도적 역할을 담당하고 있다.

1954. 10. 23.	국제펜클럽한국본부 창립
1955.	제27차 국제PEN비엔나대회에서 회원국 가입
	『The Korean PEN』영문판 및 불어판 창간
1958.	국내 최초 번역문학상 제정
1964.	PEN 아시아 작가기금 지급(1970년 제6차까지)
1970.	제37차 국제PEN서울대회 개최(60개국 참가)
1975.	『PEN뉴스』창간. 이후『PEN문학』으로 제호 변경
1978.	한국PEN문학상 제정
1988.	제52차 국제PEN서울대회 개최
1994.	제1회 국제문학심포지엄 개최
1996.	영문계간지『KOREAN LITERATURE TODAY』창간
2001.	전국 각 시도 및 미주 등에 지역위원회 설치
2012. 9.	제78차 국제PEN경주대회 개최
2015. 9.	제1회 세계한글작가대회 개최
2016. 9.	제2회 세계한글작가대회 개최
2017. 9.	제3회 세계한글작가대회 개최
2018. 11. 6~9.	제4회 세계한글작가대회 개최
2018. 8. 22.	정관개정에 의해 국제PEN한국본부로 개명
2019. 2.	PEN번역원 창립
2019. 11. 12~15.	제5회 세계한글작가대회 개최
2020. 10. 20~22.	제6회 세계한글작가대회 개최
2021. 11. 2.~4.	제7회 세계한글작가대회 개최
2022. 11. 1.~4.	제8회 세계한글작가대회 개최

국제 PEN 한국본부 창립 70주년
기념 선집을 발간하며

　국제PEN한국본부는 1954년에 창립되고 이듬해인 1955년 6월 오스트리아의 빈에서 열린 제27차 국제PEN세계대회에서 회원국으로 가입되었다. 초대 이사장은 변영로 선생이 맡고 창립을 주선했던 모윤숙 시인이 부이사장을 맡았다. 이하윤, 김광섭, 피천득, 이한구 등과 함께 창립의 중심 역할을 했던 주요섭이 사무국장을 맡았다.
　6·25한국전쟁이 휴전된 지 겨우 1년이 되는 시점에 이루어 낸 국제PEN한국본부의 창립은 매우 깊은 의미를 담는 거사였다. 그동안 국제PEN한국본부는 세 차례의 국제PEN대회와 8회의 세계한글작가대회를 개최하며 수많은 국내외 행사를 주최해 왔다. 이에 내년 2024년에는 창립 70주년을 맞이하게 되어 그 기념사업의 일환으로 PEN 회원들의 작품 선집을 발간하기로 하였다.
　여러 가지 기념사업을 진행하지만 회원들의 주옥같은 작품집을 선집으로 집대성하여 남기는 일은 가장 중요하고 의미 있는 일이라 생각한다.

    시와 산문으로 구성되는 선집은 우리 한국문학사의 중요한 족적을 남기는 귀중한 역사 자료로서의 가치를 갖게 되리라고 믿으며 겸허한 마음으로 70주년을 자축하는 주요 사업으로 진행하게 된다.

    참여해 주신 회원들께 감사하며 어려운 여건 속에서도 기꺼이 출판을 맡아 준 기획출판 오름의 김태웅 대표와 도서출판 교음사의 강병욱 대표에게 심심한 감사를 드린다.

2023년 7월

국제PEN한국본부 이사장 김용재

책을 내며

　시와 사랑은 하나다. 사랑하면 아침이슬 머금고 꽃들이 피어난다. 시냇가에 심은 나무처럼 시가 곁에 있으니 늘 풍요롭다. 생기가 돈다. 여유가 생긴다. 더 사랑하고 싶다. 시를 사랑하는 마음으로 사람들을 대하면 누구나 이웃이 되고 친구가 된다. 형제가 되고 누이가 된다.
　일상생활하면서 내 가슴을 맴돌다가 기다리다가 스쳐가는 수많은 시상에게, 달과 별과 유년의 꿈을 담아 날개를 달아주고, 바람소리 물소리 삶의 그림자까지도 품어 안아 새 생명을 잉태시켜 옥토에 꽃씨를 뿌리는 마음으로 시를 썼다. 한줄, 한줄마다 사랑을 고백하듯 써온 600여 편의 시편들 중에서 71편을 선정하였다. 나의 시가 아름다운 꽃을 피워서 메말라가는 우리의 삶을 부드럽게 해주면 좋겠다. 칠흑같이 어두운 폭풍우 속에서 한줄기의 불빛을 비춰주는 희망의 등대가 되면 좋겠다. 어두운 밤이 몹시 긴 것 같아도 새벽이 오고 동이 트듯이, 삶이 아무리 힘들어도 꽃은 피어난다. 지치고 방황하는 외로운 사람들에게 한 송이 꽃이 되어 그들의 마음을 위로해 주면 좋겠다. 나의 시가 바쁘고 고달픈 세상살이를 밝고 넉넉하게 해주면 좋겠다. 병상에서 피어난 한 송이 꽃이 되어 지쳐가는 환우들에게 소망의 꿈을 안겨주면 좋겠다.

  국제PEN한국본부 창립70주년 기념선집 행사를 주관하고 있는 국제PEN한국본부와 출판사 모든 분들의 노고에 감사의 말씀을 드린다.

2023년 7월

저자 이한재

차례

국제PEN헌장 / (사)국제PEN한국본부 연혁
국제PEN한국본부 창립 70주년 기념 선집 발간사
....

008 _ 책을 내며

1부 _ 애드벌룬

016 _ 초고층 아파트
018 _ 애드벌룬
019 _ 분수
020 _ 그림이 있는 공원
022 _ 덩굴장미
023 _ 그날을 생각한다
024 _ 자목련
025 _ 면도
026 _ 풀꽃
027 _ 아내의 봄날
028 _ 초록의 반란
030 _ 간지럼, 간지럼
031 _ 바람
032 _ 꽃잎
033 _ 그때처럼
034 _ 아르바이트 피아니스트

2부 _ 주말하이킹

038 _ 햇살과 그늘의 콘서트
040 _ 주말 하이킹
041 _ 서핑
042 _ 하루 동안의 눈부신 아름다움
044 _ 알 수 없다
046 _ 모르쇠
048 _ 자기홍보 시대
049 _ 징검다리
050 _ 빈 물레방아 집
051 _ 촛불
052 _ 강변 사이클링
053 _ 낮은 목소리
054 _ 포석정
056 _ 망향
058 _ 자전거 학원
060 _ 옹고집
061 _ 겉모습 낡아져 가도
062 _ 오래된 골프화
064 _ 날빛보다 더 밝은

3부 _ 어둠을 닦으며

066 _ 어둠을 닦으며
067 _ 강변 오솔길
068 _ 어느 동창회
070 _ 보름달
071 _ 뱁새의 꿈
072 _ 섬, 이름 없는
073 _ 낮달
074 _ 마구, 먹이다
075 _ 서민 아파트
076 _ 막걸리
078 _ 수덕사 문지방
079 _ 시간을 저장하는
080 _ 안개
081 _ 축 결혼
082 _ 벌레가 우는 뜻은
084 _ 휘파람
086 _ 나이아가라 강
087 _ 메리
088 _ 길, 길
090 _ 올림픽 폐막식

4부 _ 길이 불편하다

092 _ 코리아 나의 조국
094 _ 낙엽의 흔적
096 _ 호두껍질 속의 우주
097 _ 길이 불편하다
098 _ 겨울나무
099 _ 힘겨루기
100 _ 나를 알지 못한다
101 _ 가없는 모정
102 _ 어설픈 옷고름
103 _ 산타피아노
104 _ 막차
106 _ 깡통경전
108 _ 김에 침몰하다
109 _ 그대를 보낸다
110 _ 추전역
112 _ 일기 쓰기

113 _ 평설 | 필링과 힐링의 연인

1부

애드벌룬

초고층 아파트

식품점 수족관 빽빽이 쌓여있는 킹크랩*
겹겹이 층지어 올라간 초고층 아파트
수족관 천정의 두꺼운 형광불빛이 나를 가로 막는다
킹크랩들은 최고층으로 오르기 위해 싸움질을 한다
오른쪽 집게다리로 다른 녀석의 왼쪽다리를,
왼쪽다리를 물린 녀석은 그 아래층의 가운뎃다리를 물었다
모두가 물리고 물었다
큰소리로 아우성치는듯한데 들리지 않는다
오각형 갑각으로 갇혀진 눈알들이 이글거린다
산소공급기에서는 공기방울이 계속 부풀어 오르고
펌프는 물을 쉴 새 없이 순환 시킨다
수백 미터 깊은 바닷물 속에서 꿈을 키웠을
그들도 엇갈리는 인연 속에서 때론 도우며 살았을 것이다
그들 표면에 짧고 뾰족한 원뿔모양 가시는
한순간 쉽게 무너졌다
바닷물이 밀어주던 수심 깊은 믿음도 층층이 높여진
아파트의 중압감으로 바뀌었다
밑층은 위층으로 또 그 위로… 모두들
초고속으로 달려간다

헤아려지지 않는 아파트 층수를 놓아버린 순간
점원이 칼을 들고 다가온다

* 킹크랩(King crab) : 대게, 또는 왕게의 영어

애드벌룬

하늘이 그토록 높은 줄을
알지 못한 풍선은
한사코 오르려고 발싸심한다

가느다란 외줄 하나에 온 생을 걸고
저 높은 정점을 향하여
안절부절 날개를 그린다

막무가내 오르려고만 하는
오! 가여운 무지렁이들
발밑이 절벽인 줄 저들만 모른다

분수

시청 앞 분수는 점심시간만 살아난다

낮 12시가 되면
천년을 기다렸다는 듯
바람을 가르며 솟아오르는
꼿꼿한 물소리
쏴아아

튀어나오고 솟구쳐 오르며
힘껏 밀어주고 당겨주며
북을 치고 나팔 불며 하늘 끝까지

정상에 오르면 포만감에 젖는 듯
느린 곡선으로 넓게 퍼지다가
서로 부딪치며 떨어지며
어쩔 수 없다는 듯
후드득 후드득
왔던 길 되돌아가기도 하다가

오후 1시만 되면 순간
물보라도 무지개도 간 곳 없고
초라하게 쪼그라드는 저 한낮의 중심

한바탕 꿈!

그림이 있는 공원

예비 신랑신부가 다소곳이 껴안고 있다
오케이! 사진사가 크게 외치며 손을 번쩍 든다
부케에 하이얀 나비가 앉으려다 흠칫 놀란다
넓고 푸른
잔디밭이 카메라 속으로 들어간다
소풍 나온 어린 학생들 재잘거리며 지나간다
뒤따르는 어떤 학부모는 어린애를 업었다
파란 하늘을 가르며 은박지 풍선 너머로 제트기 한 대가
사라진다
다람쥐 한마리가 여선생님 선글라스 안으로 뛰어 든다
드넓은 잔디밭에 누워 하늘을 본다
하얀 양떼가 줄을 지어
하늘을 걸어간다
숲을 빠져나온 바람이 귓전을
부드럽게 핥아준다
해맑은 햇살이 잔디 위에 펼쳐진다
2007년 춘계 미술대회 현수막이
애드벌룬 꼬리에서
너훌거린다

푸른 잔디 위에서 학생들이 그림을 그리고 있다
널따란 백지위에

새롭게 태어나고 있는 봄, 봄날

덩굴장미

낮술에 취했나
때늦은 봄바람을 맞았나
아랫도리를 가누지 못하고 비틀거린다

그랬었지
첫 꽃망울 터질 때만 해도
곁눈질 한번 안하고
하늘만 우러러 자랐었지

이미 엎질러진 물 어쩔 수 없다는 듯
살다보니 그렇게 되었다는 듯
뭉클뭉클 짙은 입술 토해내며
백주에 호객행위를 한다

날카로운 가시 잎새 뒤에 숨기고
이웃집 담장마저 무시로 넘나드는
말릴 수 없는 저 색정의 덩굴

그 날을 생각한다
– 예술의 전당 브레송* 사진전에서

어두컴컴한 실내 백열등 조명 아래 프랑스 농촌
가로수 사이로 지중해 바람이 시원하게 걸어간다
그리스 시골 한적한 길을 한 소년이 물구나무서기하며
걷던 내 고향 골목길 친구들 손짓한다
미국과 인도의 들녘을 지나 샤르트르와 피카소를
그리고 간디와 달라이 라마를 만난다
중국 청조 마지막 황실의 늙은 환관 얼굴 주름살이 깊다
마릴린 먼로가 촬영 중 화사하게 웃는다
어느 인연이 순간에 정지시켜 놓은 사람들
아름답거나 슬프거나 노엽거나
괴로움으로 그날을 말하고 있는 흑백사진들
헤아려지지 않는 지난 일들을 한컷 한컷 추스르는 동안
출구 안내판이 앞을 가로막는다
찰나의 인연들이 어둠 속에 묻혀버린다
암실을 빠져 나오니 수세기 달려온 별빛 하나 막
내 앞에 당도하고 있다

* 브레송 : 앙리 카르티에 브레송(1908-2004) 프랑스 사진미학의 거장

자목련

발그스레한 웃음
자줏빛 꽃잎에서 튀어나오는 향기
향기에서 분사되는 햇살 눈부셔
꽃잎 속에 핏줄처럼 스며있는
하늘과 물과 바람
온몸으로 불사르며
떨기떨기 피어오른다

생의 정점 그 순간만이라도
밀려오는 이별 잊어버리고
차라리 눈부신 슬픔으로 환호하고 있는
꽃, 자목련
대낮에도 스스럼없이
불콰하니 사랑을 탐닉하고 있다
저 지독한

면도

아침마다 거울 앞에서 면도를 한다
거품을 바르고 날카로운 칼날로
눈언저리 잔털부터 턱밑수염까지 깎아내린다
오래된 얼굴에 무성한 잡초
부드러운 거품으로 감싸고
왼쪽 눈 좌측부터 훑어 내린다
예리한 칼날을 피부에 밀착시켜
삶의 찌꺼기들
때와 함께 덧씌워진 미움도 씻어 내린다
주름마다 눌어붙은 세월도 떼어내고
두꺼워진 철판도 깎아내린다
베어내도 베어내도 끝이 없는 잡초들
스킨로션으로 잠깐 두들겨 달래고
내 얼굴의 시계 바늘을 휙!
십년 전에 고정시킨다
잡초 밭에 잠깐 젊은 해가 떴다

풀꽃

공원길 풀밭에 앉아
여리고 순한 풀꽃을 보네
해맑은 웃음 비릿한 푸른 냄새
지친 나를 말갛게 헹구어 주네

토끼풀꽃강아지풀제비꽃애기똥풀민들레꽃……
잡초 속에 널브러진 낯익은 꽃들
그 속에도 우주가 있고 사람이 살고 있는 듯
송이마다 한 세상씩 매달려 있네
색과 바람과 하늘을 보듬고 있네

흙에 잔뿌리를 내리고 말없이 피어나고 있는
또 다른 목숨들
비슷비슷하다가도 서로 다른 얼굴들
오늘만이라도
잠시 쉬었다 가라고하네

아내의 봄날

플루트를 늦은 나이에 배우기 시작한 아내
밤낮을 가리지 않고 열심이더니
오늘밤 너무 피곤했는지
티브이를 보다가 그만 잠이 들었다
아내는 지금 플루티스트가 된 꿈을 꾸고 있을까
오케스트라 막이 오르고
비발디 사계 봄이 시작된다
관현악기들의 현란한 음률
화려한 조명
아내의 청아한 플루트 선율이
관중 속을 돌고 돌아
우리 집 거실까지 흘러넘친다
봄 여름 가을 겨울 그리고 또 봄
공연이 끝나고 계절이 몇 번인가 바뀌어도
아내의 봄날은 계속 되는 듯

초록의 반란

목련이 수런거리는가 싶더니
봄이 거품을 문다
저 초록들의 참을 수 없는 반란

힘들겠지만 나 이제 너를 보내려 한다
지난 겨울 동상에 걸렸던 기억은 산 노을에 풀어지고
허물 벗은 어제의 길들이 벌떡벌떡 일어선다
죽어가던 가지들이 꼼지락거리며
발정한 대나무 숲이 꿈틀거린다
나는 천천히 푸른 항아리 속에 웅크린다

고통은 달콤했다 여기저기 누운 갈잎들은
어김없이 헤픈 상처를 노래하고 있다
나방이는 또 얼마나 많은 집착의 알들을
저들에게 슬게 될까
푸른 항아리를 시기했던 진달래는 모두 눈멀었고
한 몸 되었던 시간의 관절은 삐걱거리며
꽃향기에 취해 이리저리 비틀 거리는데

남쪽바람이 부드러운 향내를 조용히 핥고 있다
수줍어하는 목련꽃의 몸부림으로

쓰린 가슴을 씻으며
아픔의 상처가 초록에 몸을 섞는다
파르르 떨리는 즐거운 햇살
반란은 황홀하다

간지럼, 간지럼

뒷동산 약수터 가는 산자락
개나리 꽃망울 송알송알
꽃눈 가지엔 봄 햇살이 가득
앞서가던 햇살이
간질간질 간지럼
너무 너무 간지러워
온몸이 꼼지락꼼지락
덩달아 오금까지 들썩 들썩
가지 끝 올라탄 햇살
겨드랑이까지
꽃망울 꽃망울들
웃음보를 그만 터트리고 만다
깜짝 놀란 여린 꽃망울들
한꺼번에 화들짝 피어난다
간지럼, 간지럼
세상을 샛노랗게 물들여 주는 간지럼
봄을 한 아름 선물 하는 간지럼

간지럼, 간지럼
햇살도 간지럼 꽃잎도 간지럼
봄날도 간지럼

바람

비둘기 날개 속에
바람이 숨어 있다
바람의 날갯짓이 숨어 있다
그 안에 숨어 있는 꿈
바람이 불 때마다 날개를 단다
초등학교 운동회 날
장대 끝에 매달린 둥근
종이 공 안에
어린 눈망울들의 순박한 바람이 숨어 있다
노아시대
올리브 잎사귀를 처음 물고 왔을 때도
서울올림픽 개회식장에서도
비둘기 안에 우리의 바람이 숨어 있었다
언젠가
갑자기 바람이 바람을 타고
내 앞으로 날아와
자기 위에 올라타라 한다
바스러진 틈새로 빠져나간 바람을
늦게 도착한 햇살로
싱싱하게 채워 넣는다

꽃잎

누군가 부르는 것 같아 뒤돌아보니
목련 꽃잎들이 길가에 널브러져 있다
발걸음을 잠시 멈추고
시들어가는 꽃잎 하나를 집어 들었다
시간이 들고 난 몰골이 휑하다
내 추억의 꽃나무는
동트는 햇살에 더욱 화사하게
그렇게 환한 미소로 남아있는데
노을 진 하늘에서
잊혀져간 꽃잎의 시간들
우르르 몰려온다
그리움이 허공으로 기어오르며
뉘엿거리는 햇살이
부풀어진 그림자를 밀어 올린다
시들어가던 어둠에서
꽃이 피어난다
그날의

그때처럼

그때를 기억하시나요
처음처럼 그렇게
가장 깨끗한 마음의 등불 하나로
당신의 방을 환하게 밝히겠습니다

모든 시작이 다 아름답듯이
당신의 수줍은 미소
내 가슴에 번지기 시작하던 그날을
언제까지 간직하고 싶습니다

첫입맞춤으로 두근대던 가슴의 고동으로
당신의 해맑은 눈동자로
나는 가여운 짐승처럼
오늘도 살아가고 있습니다

오늘밤,
유난히도
갓 피어난 라일락꽃 한 송이
당신 가슴에 안겨 드리고 싶습니다
그때처럼
처음처럼

아르바이트 피아니스트

늦은 오후 도나우강변
한가롭다
학교 수업 끝내고 아르바이트 가는 길
벤치에 잠시 무거운 다리를 내려놓는다

강변을 따라 줄지어 선 가로등
오선지 악보처럼
물속에도 나란히 서있다
그 그림자 사이로 오리들이 자맥질한다

가로등에 매달린 스피커에선 요한스트라우스의
'아름답고 푸른 도나우'가 흐른다
귀 기울여 듣는 사람 없어도
어제와 같은 곡은 되풀이 된다
왈츠가 쌓여야 봄이 온다는 듯이

호텔 로비의 아르바이트 피아니스트
오늘밤도 건반 위를 달린다
손님이 듣지 않아도
앙코르 하는 사람 없어도

계속해서 달려야 한다
희고 검은 피아노 건반에
새싹이라도 틔울 것처럼

2부

주말하이킹

햇살과 그늘의 콘서트

오후의 햇살 냄새가 물씬거리는 한강고수부지
잔디위엔 햇살이 넘칠 듯 넘칠 듯 출렁거리고
한줄기 강바람이 다리 밑으로 다이빙 한다
바람이 수면을 내리칠 때마다 강물은 첨벙첨벙
은빛스카프를 휘날리며 바람과 하나 되어 몸을 섞는다

대나무 숲 속 햇살 같은 빛기둥들 구름 사이를 밀치고
빠져나와
하얗게 반짝이는 물의 비늘을 안고 왈츠를 춘다
강물 위 윈드서핑 하는 사람 가슴이 확 열려 있고
그 속으로
수상스키 한대가 푸른 강물을 가르며 뛰어 넘는다
강변길을 따라 연분홍색 자전거가 내달리고 검정색
안경 속으로
인라인 스케이팅하는 연인이 손을 잡고 들어간다

다리 밑 그늘에 앉아 부채질하는 노인
바람이 되어 구름 속 깊은 곳에서 시간을 끌어 모아
계단을 만들고 사다리를 놓는다
얼마나 올라갔을까
희열이 묻힌 고요가 찾아오고

잠시 외로운 섬이 되어 먼 하늘을 본다
철교 위로 전철이 교차하며 양방향으로 멀어지고
저 멀리 유람선이 물길을 따라 가물가물 흘러간다

짧은 생의 한소절로 피어나는 오후
한지를 닮은 그늘이 햇살을 한 장씩 덮어 가고
한생을 건너온 수많은 시간들 아련하게 피어오르며
강물위에 쌓여 가면
세월의 지면도 한 페이지씩 넘겨진다

주말 하이킹

토요일 오후 자전거 타고
한강고수부지에 간다
둥근 강바람과 함께 굴러서 간다
하늘거리는 오솔길 따라
강물을 스치며 달려간다

차르륵 차르륵
강물위에 메아리로 굴러서 가고
힘껏 페달을 밟을 때마다
뜨거운 심장의 피 타이어 속으로 흘러든다
넘실대는 햇살에 온몸을 담가서
한 주간을 씻어내고
너덜너덜 가장이라는 누더기 옷 한 벌에
싱싱한 푸른 바람 불어넣는다
주말하이킹으로
고수부지 세탁소 호황중이다

서핑

오늘 끝없이 넓은 태평양 한가운데서
서핑을 하고 있다 거친 파도를 타고 넘는 서핑
비와 바람 속에서도 서핑을 계속한다

산더미 같은 파도가 몰려와도
멈추지도 않고 넘어지지도
않으면서 파도를 타고 앞으로 나아간다

파도가 잠잠할 때도 있다
그러나 언제라도 예고 없이 거대한 파도가 덮쳐
깊은 물속으로 밀어 넣는다

파도는 친한 친구요 이웃이요
내 인생의 동반자다
파도 없이는 혼자 살 수 없다

바다상태는 수시로 변한다
삶의 힘든 고비에서 살아남기 위해 너무 크거나
너무 작지 않은 파도를 선택한다

오늘도 서핑을 한다
거친 파도를 혼자 넘는다

하루 동안의 눈부신 아름다움

햇살이 잔물결 치는 천년 산사 뜨락에
고슴도치처럼 바늘을 곧추세우고 움츠린 얼굴로
칠흑 어둠과 오만 번뇌가 가득한
괴로운 모습의 선인장,
오늘
메마른 몸속에 양수가 흐르며 몸을 풀었다
민들레 홀씨 하나 날려 보낼 수 없는 연약한 힘으로
가시 덮인 벽을 허물고 새순의 꽃대를 올려 보냈다
인적이 드문 한여름 날의 외로운 산사에서
뜨거운 햇살을 모아 수억 촉의 빛으로
눈부시도록 아름다운 하이얀 꽃을 피웠다

아까부터 황홀경으로 바라보고 있는 노스님
주름진 얼굴과 허공 사이로 피안彼岸이 놓여지고
돋보기 알에선 햇살이 반짝거린다
가슴속 깊은 곳에 희열이 솟아나 혈관마다 흐르고
노스님은 잠시 꽃이 되어 열반涅槃의 경지에
다다른다

부처가 내려준 단 하루 동안의 눈부신 아름다움
얼마 만에 맛본 해탈解脫의 순간일까?

이승의 날개에 붙은 업보의 번뇌를
하나씩 털어내고, 지순한 불심을 안는다
꽃잎의 시간을 모아 색을 만들고 꽃대의 시간으로
향을 만들어 또다시 기다림으로 돌아가는 자연 앞에
어둠과 번뇌는 없다

살갑스런 노스님 얼굴에 연꽃이 만개나 피었다

알 수 없다

잠실 대형마트지하식품 할인매장은 노상 왁자하다 원래 정상가격의 이삼십프로로 할인하여 주는 곳이지만 오늘은 2007상반기 대한민국 할인점 총결산이란 구호까지 내걸었다 밝은 오후의 여름 땡볕이 프라이팬을 달구지만 실내는 시원한 바람이 팬티 속까지 들랑거린다 흰모자 하얀상의 검정바지 그 위에 하얀 앞치마를 두른 종업원들 저마다 큰소리로 외쳐 댄다 그저 한번 맛만 보고 가시라고 걸쭉한 호객에 시식으로 내놓는 음식도 각양각색이다

게맛살 소시지 두부 참치까스 흑돼지앞다리 삼겹살…… 공짜배기로 내놓는 시식을 맛만 봐도 배부를 지경이다 왜 안주만 내놓고 술은 없느냐고 농을 하니 와인숍을 가리킨다 프랑스 독일 캘리포니아 뉴질랜드 호주 포르투갈 칠레산…… 수입포도주가 시음을 기다리고 건너편 후식도 어서 오라고 한다 수박이나 참외 토마토뿐만 아니라 키위 파인애플 멜론이 자기들 맛이 어떤지를 알고 싶어한다

계산대로 가려고 하니 생선도 드셔야 한다며 제주 생물은갈치 생물고등어 생물꽁치 생물오징어를, 빵집에서는 갓 구운 고소한 호밀빵을 포크에 찍어 준다 사지 않아도 된다고 하는데 왜 또 사는지, 자꾸만 사지는지 알 수 없다

모르쇠

씹지도 않고 통째로 들어 마신다
닥치는 대로 먹어 치운다
아파트 상가 임야 동해바다 서해바다 단숨에 꿀꺽
아무리 먹어도 체하지 않는 먹성
그동안 위장 속에 쌓아둔 재물이 얼마나 될까
스위치 눈금을 한 단계 올리자
끼이-익 파열음을 내며
신문지가 부우-욱 찢어진다
전월세 사는 서민들 함성이 도배되었다
낯익은 고급관료가
본인은 전혀 모르는 일이라고 항변한다
근엄한 얼굴 그 입술에 흡입 아가리를 넓혀
눈금을 확 올렸다 겁먹은 지면이 파르르 떤다
스위치를 내리고 필터를 열어 어둠에 쌓인 장물들을
조사하니
단추동전반지손목시계그린필드에임야에아파트에
무인도까지
뒤범벅 되어있다
모두 쭈그린 채 웅크리고 있다
급히 먹어 소화가 안됐나 보다 *끄윽*

순간!
발딱 일어선 신문쪽지가 큰소리로 외친다

모·르·쇠·장·관·투·기·사·실·판·명!

자기홍보 시대

팬티 같은 반바지와
맨살에 착 달라붙은 배꼽티를 입고
싱싱한 바람 감기는 생머리
넓은 엉덩이가 넉넉하게 받쳐준다
몇 해 전 성격차이로 갈라졌다는
미모의 이혼녀 미시즈 김
길거리에서 만나면 상냥한 미소
발랄하고 살가운 매너
동네 아저씨들에게 차 한 잔 사겠다더니
미디어 펜카페 홍보에 열심이다
회원이 만 명도 넘는다고
프리랜서로 글 쓴다는 그녀
스토리를 찾아서 어느 곳이든 간다고
연재와 출연하는 미디어도 수십 곳이란다
콧대 높은 유명 여류논객 그녀의 체험론
확실한 근거가 있다는 거
알 만한 사람은 다 알고 있지

징검다리

너무 오래 잊고 살았다
곧 돌아오게 되겠지 하고 떠났다

물길 사이 조약돌 사이
피라미 떼 줄지어 흘러가는
고향 마을 징검다리 건넌다

마을마다 콘크리트 다리가 세워지고
아스팔트길 새로 깔렸어도
이 길만은 옛날 그대로다
거친 물살 소용돌이 쳐 내 자신 흔들릴 때
수심 깊은 믿음으로 버팀돌이 되었고
급하게 뛰어가던 나에게 발을 헛디딜까
한 걸음씩 천천히 가라고 하였던,

오늘 이 다리를 건너며
나는 누군가의 발밑에 엎드려
징검다리가 되어 본 적 있었는지
바쁘게 휘돌아온 세월을 되짚어 본다

빈 물레방아 집

지금은 동네 변두리에서
혼자 빈방아를 찧고 있다
낮 동안은 아이들이 잠간씩 들려서
내부 살림살이들을 학습하고 간다
물줄기가 바퀴를 돌리는 힘과 시간이
세월을 낚는 방법도 배운다
아이들이 빠져나간 그 자리엔 밤이 되면
숨겨진 사연들이 바스락 거린다
야밤이 골짜기 물을 살며시 데리고 찾아오고
한여름 천둥소리 소나기에 떠밀려 급하게 들어와
바퀴를 타고 물레방아를 찧고 떠나간 그 사람들
지금은 어느 하늘 아래에서 몸 풀고 있을까
아이들 편에 안부 하나쯤 전해 주련지
세월에 떠밀려 무료하게 빈 바퀴만 돌아가고
밤낮없이 보리방아 떡방아 찧던 그 시절이
속절없이 부풀려져만 보이는데

촛불

한줌 바람에 흔들리고
가랑비에도 젖을까 움츠리는 너
수줍어 얼굴 붉히는 신혼
첫날밤을 지켜주던 너
첫돌 어린애 곁에서
엄마처럼 그윽이 굽어보던 너
종이컵 갑옷 삼아 거리로 나왔구나
보고 듣기 역겨웠나 보다
썩은 냄새 코를 막았나 보다
시청 앞은 촛불 바다
두 손 높이어서 불꽃을 펄럭인다
파도가 물결친다
분노는 눈물 흘린다
함성이 하늘에 사무친다
어두움을 밝히기 위해
온 몸을 불사르는 너,
순교하는 이 밤이 거룩하다

강변 사이클링

강변을 달린다
수면을 달린다

휘파람 불며 휘파람 불며
파란 스카프 너풀거린다

똑바로 서서 가는 자전거
거꾸로 서서 가는 자전거

차르륵 차르륵
바퀴자락 섞으며 잘도 달린다

낮은 목소리

창가 느티나무에서 밤낮없이 쏟아내는
억센 매미 소리 그치는 날이면
골목 가득
가냘픈 풀벌레 소리 자욱하다
매미소리에 묻혀서
낮은 곳에 살고 있는 저 낮은 목소리들
큰소리가 내 눈과 귀를 덮고 있을 때도
수없이 나를 찾아 왔다가 되돌아갔을
여린 것들,
느티나무 숲에서는 파아랗게
개나리꽃에 닿으면 노랗게
라일락꽃 스치면 짙은 향내로 말하는
부드러운 목소리들
나에겐 들을 수 있는 귀가 없구나
풀벌레 소리도 함께 들어 줄 수 있는
귀를 주문해야겠다

포석정

벗이 그리우면 포석정엘 간다
흠뻑 취하고 싶을 때도
지붕위의 목로주점
은하가 흐르는 언덕에서
북두칠성 별자리와 마주앉아
하늘과 내통하는
고속버스터미널 경부선 10층 옥상

슬프도록 찬란한 네온사인 물결위에
술잔을 띄워 놓고
지상의 상추쌈 삼겹살이
뜨거운 불판에서 노릇하게 구워지면
성긴 가슴 밭에도
달과 별과 유년의 꿈이 꿈틀거린다
갈잎의 노래로 빚은 동동주는
달이 밟고 간 자리마다 바람이 되고
꽃잎이 되고

흐르는 은하수 곁에 앉아
주고받은 술잔이 몇 순배인지
달이 지고 동이 트는 사연도 잊고 싶으면

한세상 가득 하늘을 담은 주막집
그 곳에 간다
박꽃처럼 순박한 밤이슬도 만나는

망향

보고 싶어서
긴 잎사귀를 곧추세우고
머나먼 바다를
바라보고 또 바라보네

행여나 더 멀리 보일까 싶어
가느다란 대롱을
높다랗게
치켜세우고
머나먼 하늘을
우러러 보네

사무치게 그리운 사람
밀물 타고 오겠다던 그 사람
날이 가고
달이 가고
해가 바뀌어도 나타나지 않는 그 사람

그래도 보고 싶어서
검붉은 열매
가슴에 안고

하염없이 기다리고 있는
서귀포 바닷가
외로운 야자나무
혼자서 애만 태우네

자전거 학원

땅 보지 말고 앞만 보고
옆 사람과 간격을 지키고……
코치의 주의사항은 들은 척도 않는다
양팔에 힘을 잔뜩 주고
검은 장갑 낀 손은 핸들을 꽉 움켜잡았다
남보다 먼저 스타트하려고 안달을 한다
그동안 배웠던 것을 잔뜩 뽐내려는 듯

화려한 디자인 샛노란 안전모
꼭 조여 맨 턱 끈
새까만 선글라스
탱탱한 피부에 착 달라붙은 검정색 스포츠웨어
출발선에서 신호를 기다리며 긴장하고

갑자기
균형은 여지없이 무너진다
한 아주머니가 재채기를 하는 순간
코치의 설명이 채 끝나기도 전에
페달을 힘껏 밟는 사람
그 자리에 그냥 넘어지는 사람
브레이크를 꽉 붙잡은 채 페달만을 냅다 밟는 사람……

빽빽하게 우왕좌왕 몰려가다가

에그그…… 꽝!
앞사람이 고꾸라지자
차례로 포개져 넘어진다

서로가 네 탓이라고 다투고 있을 때
맨 나중 출발한 자전거
피니시라인을
막 통과하는데

옹고집

방충망을 빠져 나가려고 필사적이다
파리 한 마리
아무나 통하지 못하는 공간인줄 모르고
바람이 들락거린다고
햇살이 넘나든다고
놈은 큰소리 치고 있음이 분명하다
(왜 가는 길을 막느냐고? 나만 붙잡느냐고?)
이마에 붙은 서치라이트를
의심이라도 하듯
구부러진 앞다리로 자꾸만 닦아도 본다
방충망을 반쯤 열어본다
예측은 빗나간다 놈은
한번 한다고 하면 하늘이 두 쪽 나도 하려는 것일까
되돌아오더니 앞발 뒷발 주둥이까지 방충망만
움켜잡고 온몸을 떨며 발광한다
열린 쪽은 거들떠보지도 않고……
누군가
저 높은데서 내려다보시면
어쩌면 그리도 너를 닮았냐고 하시겠다

겉모습 낡아져 가도

공원길 우람한 느티나무 아래
누군가 버리고 간 구형 소나타 한대
오랫동안 방치되어 있다 히프에 부착된
구부러진 안테나는 지금도 그 남자를 애타게 찾고 있다
기억의 먼 곳에서 회오리바람이 긴급전보를 갖고 오던 날
그 남자는 다른 여자와 마지막 사랑을 나누고
이곳을 떠났다

맨 처음 만남의 순간부터 가슴 설레던 느티나무
오늘도 깨어진 창문사이로 연서를 들여보낸다
먼지 낀 의자 위에 수북이 쌓인 사연만큼
느티나무는 하루도 쉬지 않고 안아주고 감싸준다

몰래 버리고 돌아오지 않는 무지렁이 그 남자
모두가 욕하지만
힘센 느티나무가 수십 킬로의 수압으로 밀어보지만
그 약속 못 잊어 하염없이 기다린다
겉모습 낡아져 가도
기다리는 순수 속에 시간은 아무데도 없다

오래된 골프화

틀림없이 내 신발이었지만 어쩐지 어색하고
말을 듣지 않았다
빡빡해 하면서 발을 받아들이려 하지 않았다
그렇게까지 투정을 부린 적이 없었다
끄~응
아가리를 힘껏 벌려 억지로 집어넣고
예정된 플레이를 시작하였는데

파란 잔디 페어웨이는 봄바람타고 앞서갔지만
그녀는 한사코 발길을 붙잡아 첫 홀부터
오비가 나며 러프에 들어가고 벙커로 빠졌다
그린의 핀을 앞에 두고 냉탕 온탕을 하다가
겨우 더블 파를 했다
플레이 시간도 지체되었다
움트는 새싹이 지난해의 마른 잔디를 밀어내듯
뒤따르던 플레이어들이 앞서나갔다

텅 빈 금속성 소리가 나도록 마음을 비우고
주저앉는 척추 곧추세워 플레이 하려했지만
바람은 막무가내 말을 듣지 않았다
길을 비켜라 자리를 내 놓아라

내 비명에 메아리는 돌아오지 않는데
헌 세월이 나를 싣고 터덜터덜
페어웨이를 가로질러 가고 있었다

날빛보다 더 밝은

귀래산 자락에 둘러서서
그녀의 마지막을 지켜보았습니다
무성한 숲 사이로 번지는 햇살 아래
날빛보다 더 밝은 천국이 기다리고 있었습니다
한순간 깊은 고요 속
아무도, 아무 말도 하지 않았습니다
우리가 본 것은
찰나의 시간이 스쳐간 흔적,
흔적이 사라지는 세월이었습니다
안개처럼 가만가만히 번져와
밝은 천국은
비워진 가슴을 채우고
붉은 명정 속으로
깊이 흘러들었습니다
솔바람이 함께 스며들었습니다
한 줌의 흙이 그 위에 놓여 지며
고요가 아득히 흔들렸습니다

3부
어둠을 닦으며

어둠을 닦으며

오랫동안 책장 한켠에 밀쳐두었던
녹슨 트로피를 닦는다
내다 버리려고 몇 번이나 망설였던 것
치약 바른 솜이 어둠에 묶여있던
빛을 풀어 준다
시커먼 녹에 억눌린 글자들
끄집어낸다 트로피 받던 날짜 나오자
야호 하며 환호소리 비집고 나온다
처음 모셔왔을 땐 책장 속까지 환하게 하더니
나의 눈길이 떠나 있는 동안
기다리다 지친 몸을
어둠이 시나브로 멍들게 하였으리라
그렇지, 변하지 않는 것이 무엇 하나 있었던가
내가 게을러서 찬란한 너의 빛을 가두어 두었구나
마른 수건으로 문질러 광을 더 내본다
오후를 비껴가는 초가을 햇살
트로피에 날개를 달아준다
빛의 소리가 점점 더 커지고 있다

강변 오솔길

코스모스 하늘거리던
강변 오솔길
너는 말없이 웃기만 했었지
수줍음으로 발그레 물들었던
그날의 꽃잎들

이제는 떠나버린
너의 그림자 속에서
일몰을 밟으며
그날을 읽는다

멀어져간 속삭임은
메아리로 돌아오고
텅 빈 자리에
너는 또 한없이 가득하고

어느 동창회

나이 탓인가 술 탓인가 아니면 아쉬움인가……
야외 동창회 끝날 무렵이면 시끄럽다

금배지 못 찼지만 이등을 세 번씩이나 했다고, 강남에 빌딩은 못 가졌어도 아파트가 세 채나 있었다고, 청장 밑에서 국장만 십년이나 했다고, 교장은 못됐어도 교감을 십일 년이나 했고……
그래 어쨌다는 것인지 같은 소리를 몇 번씩 되풀이 하지만 아무도 듣지 않는다 나둥그러진 소주병만 입 벌린 채 멍하니 바라보고 있다

올챙이 까까머리로 산길 오르기 시작한 것이 엊그제 같은데 벌써 반세기가 넘었다고……
육이오 때도 살아남았고 보릿고개에서도 죽지 않고 염병에도 모질게 버텨냈고 총알택시 탔어도 까딱없었다고……
이런저런 이야기 끝이 없다

어느새
중천에 있던 해가 인왕산을 넘고 있다 곱게 물들었던

석양빛이 사라지고 있다 비닐장판 깔개를 털고 걸어
내는 동안 주름진 얼굴들이 묻혀 지고 있다

  조금씩 말들이 줄어들고 있다

보름달

올 추석도
그 자리에서 기다리고 있었다
사방이 어두워진 가을밤 혼자서
발그레한 웃음으로

수줍어하며 말없이
얼마나 외로웠을까
찬이슬 맞으며
날이 새는 줄도 모르고

내년 추석쯤에는 결혼할 수 있겠지
지난 세월 잊고서
둥그렇게 활짝 웃는
순이 얼굴

뱁새의 꿈

나는 동작이
재빠르다는 소리를 자주 듣는다
움직일 때는 긴 꼬리를 좌우로 쓸듯이 흔들지만
누구를 꼭 유혹하려는 것만은 아니다
농가의 울타리나 풀 속에서 수만 년을 이어온
터줏대감 텃새인 나를 두고 말들이 많다
눈이 작고 째졌다느니
방정맞다느니
황새걸음 걸으면 가랑이가 찢어진다는 등
그것은 단지 내 몸뚱이로서만 나를 판단했기 때문
아름다운 갈색머리와 내 마음을 보지 못했기 때문
해로운 곤충을 먹어치워 도움을 준다는 것을
인지하지 못했기 때문
도대체 우화를 꿈꾸지 않지만 나는 매일
가을 햇살을 앞에 세워놓고 이미지 광고를 한다
외모와 달리 마음속은 바다처럼 넓고 뜨겁다고
덩치 크고 속 좁은 사람에게는 말을 아끼지만
나를 알아주는 사람 만나면 온몸으로 사랑한다고

내가 청맹과니라고요?

섬, 이름 없는

인천항 서남쪽 무인도
태초에 아무도 깃들지 않은 처녀림이었다
폭풍우가 쓸고 간 여름밤도
눈보라가 치는 겨울밤도
그녀의 순수를 깨트리지 못했다

어느 날이었던가 기억하고 싶지 않은 날
뭍바람을 몰고 뭍사람들이 올라와
발자국을 남긴 뒤
이사람 저 사람들에게 함부로 짓밟히며
그녀는 헐고 낡아 갔다

어쩌다가 모두 잠든 밤이면
숲이 물결을 말없이 재우고 있을 때
아픈 상처를 바닷물에 씻으며
풀벌레 소리로 아픈 곳을 달래보기도 했다

행여나 아득한 그 옛날로 돌아갈 수는 없을는지
이름 없는 들꽃을 모아놓고
구름기둥을 세워도 보는데

낮달

창문으로 살며시 들어오는 그녀
맑게도 보이고 흐리게도 보인다
가깝게 앉아 있기도 하고 멀리 서 있기도 한다
얼굴이 수시로 변하기도 하지만
아예 자취를 감추기도 한다
온화한 얼굴로 정답게 다가와서
소파에 앉아 함께 커피도 마시고
초생 달 모양의 눈을 반짝이며
적금통장을 꼼꼼하게 계산하여 주기도 한다
흐려지는 날은
잔뜩 움츠리며 걱정스런 얼굴로
멀리 멀리 사라져버린다
천개, 만개의 구름들이 전쟁놀이를 할 때는
몇 날 며칠을 깊은 계곡에서 피난 생활을 한다

어둠의 그늘이 잠시 자리를 비우고
짱짱한 햇살이 그녀의 해맑은 얼굴을 씻어주면
파아란 하늘 넓게 펴고 낮잠을 잔다

마구, 먹이다

소의 아가리를 힘껏 벌리고 폭력이 물을 먹이고 있다
터질듯 배가 부풀어 오른다
도저히 못 먹겠다는 듯 발버둥 쳐도
코뚜레 움켜잡은 손 멈추지 않는다
쏟아져 들어오는 운명을 어찌해볼 도리가 없다는 듯
밀도살장에 끌려온 가련하고 순한 눈이
몇 모금 남아 있을 숨을 헐떡이고 있다

뜨거운 햇볕 속에서 땀 흘리고 일할 때
물 한 방울로 갈증을 적셔 준 적 있었던가
제 배를 채우기 위해
억지로 퍼 먹이는 저 뻔뻔함!
싫어도 받아들여야 하는 저 무력감!
채널을 확 돌린다
그곳에서도
금수 같은 광고들이 기다렸다는 듯
사정없이 달려든다

문을 밀치고 밖으로 나가자
아파트 입구 엘리베이터 옆에 배달부 아저씨
나도 모르는 발신자의 광고물들을
이미 가득한 우편함에 어거지로 쑤셔 넣고 있다

서민 아파트

　아파트 4층 복도 난간에 간신히 매달려 구부러진 안테나 복권당첨소식 기다린다 안테나 밑 아카시아 나무와 플라타너스 자기키가 더 크다고 키 재기를 하고 있다 아까부터 열린 창문 곁에서 파리 한 마리 닫힌 쪽 유리창으로만 나가려고 발버둥이다 회색 티셔츠 아주머니 창틀에 걸린 주머니에 우유를 넣고 세탁소 사내 "세에~엣탁이요 세에~엣탁" 한다 수거한 옷가지들 사내 품에서 서로를 껴안는다 빨간 스웨터와 검정 양복바지가 출렁거린다 딸랑 딸랑 생 두부 아저씨 지루한 오후의 적막을 사정없이 흔들어댄다 무수한 소문들이 후다닥 놀라 흩어진다 필터까지 타다 남은 꽁초들 난간 창틈사이 종이컵에 몸을 움츠린다 보험설계사인 듯 낯선 아주머니 옆집 초인종을 누르다가 돌아선다 문짝에 "신문절대사절"이란 글자가 크게 써 붙여 있고 그 밑에 신문이 어지럽게 쌓여 있다 신문 겉면 '서민 경제 최악' 이란 헤드라인을 스포츠 신문 해외 골프여행 기사 사진이 반쯤 가렸다
　좁고 가늘어진 바람소리
　빛바랜 아파트 모퉁이를 돌아가는 햇살
　아는 듯 모르는 듯
　앞만 보며 총총 걸어간다

막걸리

그녀도 한참 잘나가는 시절이 있었다
따뜻한 아랫목에서 강보에 싸여 어머니의
극진한 보살핌 속에 단맛과 신맛 그리고 감칠맛과
시원한 맛으로 완숙하게 발효되어
임금님수라상과 양반 풍류객들 사이를 누비고
다니던 시절이 있었다
한여름 농부들의 마른 목을 풀어주고
홍어와 어울려서 홍탁으로 뭇 사내들
입맛을 독차지하기도 했다
어느 때던가 양키들이 슬금슬금
발을 들여 놓더니
지금은 그들이 안방마저 휩쓸고 다닌다
독한 것이 삭신을 문드러지게 하는 것을
아는지 모르는지
쫓겨나지 않으려고 여러 번 몸부림도 쳐봤다
고구마와 보리에서 멥쌀로 그리고 찹쌀로 바꿔가며
발효도 하여보고 양 것들처럼
깡통 속에서 은둔의 세월을 건너기도 했다
옷 색깔도 바꿔보고 머리도 염색하고
아양도 떨면서…
진열장에서 하염없이 손님을 기다리는

조강지처 그녀에게
나직이 불러본다
여보!

수덕사 문지방

불심 한 아름 안고
염불소리 목탁소리 들으며 산다
나를 밟지 않고
넘지 않고는 부처께 가까이 할 수 없다는 거
불자들은 안다
삼척동자도 안다
어쩌다 헤진 옷자락이 어깨를 쓸며
지나 갈 땐 나는 슬프게 반짝인다
허겁지겁 달려왔다 어둠에
떠밀려간 중생들
흐름만이 그들을 가득하게 하는 듯
때론 시류에 떠밀린 적이 있었다 해도
변함없이 기다리는 마음도 잊지 말기를…
그냥 옷자락만 스쳤을 뿐이라는데
어쩌자고 곰 삭이지 못하고
혼자서 날밤을 새우고 있는지

시간을 저장하는

빛바랜 사진을 스캐닝한다
형광 불빛에 올려진 아득히 먼지 낀 세월
엷은 유리판 속으로 저장된다
엄지손가락 입에 문 포대기 속의 갓난아기
앞니 빠진 소년의 어설픈 웃음
붉은 카펫 끝자락에 서 있는 신랑 신부
바래져 가는 것을 멈추고 한 장 디스켓에 담겨진다
낡아져가고 있는 지금의 나도 늙지 않고
어딘가에 저장 될 수 없는지를 생각해 본다
리모컨을 켜면 다시 살아나는
어릴 적 읽었던 거울 속의 세계에서 거울을 비추기만 하면
보이는 모든 것이 정지되었다가 살아나는
내 삶도 어느 날 차르륵 스캐닝만 하면
일순간 멈춰서 한 세월 훌쩍 건너뛰게 하는
그런 스캐너,
먼 훗날 문득 얼레의 연줄처럼 스르르 풀려날 때
가슴에 묻은 슬픔이나 노여움을 삭제하기도 하는
만능 스캐너,
사랑 잃은 기러기가 아픔을 허공에 흩날려야
다음 계절 맞이하듯
올해의 마지막 12월 캘린더도 넘겨져야
한다고 하지만

안개

갓밝이 무렵부터 무언가를
수런거리는가 싶더니
창문을 지우고
정원도 삼키고
앞집까지도 먹어버린다

멀어지는 듯하다가
샛길로 다시 되돌아오는
흩어지는 듯하다가 어우러지고
햇살이 들어오지 못하도록
퀴퀴한 어둠을 고여 놓는다

아무리 큰 소리 질러 봐도 꿈쩍 않고
허공 속에 발길이 푹푹 빠지는
날카롭고 첨예한 시간을 묶어 놓는
헐렁헐렁 무거운 무쇠덩이
아침 안개

축 결혼

낯선 이름의 청첩장을 받았다
며칠을 수소문하다가
유년시절 주소에서 그 이름을
기어코 찾아냈는데…
얼굴은 생각나지 않고
창호지 문틈으로 번지는 햇살 속
잊혀진 풍금소리만 샘물처럼
가만가만히 번져와
시간이 들고 난 가슴속 휑한 길들을
허물었다. 느닷없이
청첩장 표지의 장미꽃 사이로
보라 빛 나팔꽃 한 송이 쑤-욱 피어나
가느다란 줄기로 허공을 감아쥐고
활짝 웃었다

안내지도를 따라따라 예식장엘 찾아갔더니
호화스런 식장은 하객들로 넘쳐났다
차례를 기다려 축하인사를 했으나
친구는 나를 알아보지 못했다
축 결혼이라고 힘주어 눌러 쓰고
봉투를 접수원에게 줄때도 나팔꽃은
여전히 아는 척 웃고 있었다

벌레가 우는 뜻은

귀뚜루루루--
귀뚜루루루--
가을이 이미 곁에 와 있음을
맨 처음 알려주는 소리
처음에는 귀뚜루루루-- 귀뚜루루루-- 하다가
그 다음날에는
가으으을-- 가으으을-- 하는 듯 하네
어느 때는 스으을퍼-- 스으을퍼-- 하는 듯도 하네

메마른 시멘트 담장 밑 틈새에서
무더운 여름 내내 다듬은
귀뚜라미 소리
울음소리 같기도 하고
노래 소리 같기도 하네
지친 내 귀우물에
때로는 서러운 노랫가락으로 시간을 긷고 있네

귀뚜루루루--
귀뚜루루루--
귀뚜라미 소리

세월을 잊고 앞만 보고 가는 나에게
가을의 속내도 들여다보면서
천천히 쉬었다 쉬었다 가라고 하네

휘파람

오랜만에 이발한 것 같은 상쾌한 가을 아침
올림픽공원 산책길 걸어가네
평화의 문을 지나 호수길 걷네
간밤 어둠을 헤집고 나온 싱싱한 햇살들
바람구멍 숭숭한 소나무 숲 위에서
출렁거리네
무덥고 지루했던 지난여름
참고 기다려온 코스모스가
실바람에 하늘하늘 손 흔들어 주네
바람에 나부끼는 형형색색 만국기에서
올림픽 함성 터져 나오고
토성길 둔덕엔 백제 장군 심장이
고동치네
빨리 걷는 사람, 천천히 걷는 사람, 조깅하는 사람
길가에서 국화송이 피어오르고
텅 빈 마음엔 희열이 솟아오르네
가슴 저미는 그리움에 가슴 조이던
어두운 장막들
쨍쨍한 햇살로 쓸어버리며 즐거운 산책을 하네
나머지 길고 소중한 날들 크게 열려 있어
소금 절인 지난 인연들

휘파람에 날려버리고
발걸음 상쾌하게 앞으로가네
아침을 열고 앞으로 앞으로 가네

나이아가라 강

붉게 물든 단풍나무 길을 따라 그녀는
첫사랑을 그리며 천천히 걸었다
가다가 잠깐 발을 멈추고
여행객들과 대화도 나누며
가슴에 안겨오는 단풍잎과도
속삭이며 여유롭게 걸었다
잔주름 많은 검푸른 눈엔
그렁그렁 수심이 고여 있었다
속내를 감추며
조용하게 걷다가도
그리움이 차고 넘치면
커다란 폭포가 되어 날갯짓도 하여보고
텅 빈 허공에 물보라를 만들기도 하였다
부질없는 몸짓도 급류에 떠밀리면
무지개와 물새들을 불러 들였다

하얀 치마폭을 계곡마다 널어놓고
그 사람이 도착하기도 전
그만 나비잠이 들은 듯
나이아가라 하류는
적막강산이 되었다

메리

아카시아 향내 나는 샴푸로 샤워 해주고
이태리 빗으로 머리 결을 가다듬는다
머리엔 빨간 리본을 달아주고
노란 줄무늬 핑크색 꼬까옷도 입혀보지만
메리는 도무지 기쁘지 않다
해맑은 눈동자
무엇인가 말하고 있는 듯한데
그는 막무가내 껴안기만 한다
물고기는 물고기끼리 살아가고
비둘기는 비둘기끼리 사랑하며
하늘에 구름도 그렇게 흐르는데……
하고픈 말은 풍선처럼 가득하지만
눈망울 밖으로 내보낼 길은 어디에도 없다
너무 사랑해주므로 미워지고
너무나 가까이하므로 멀어져가는
어찌해볼 도리가 없어서
빨간 혓바닥으로 콧구멍을 핥아보고
잘려나간 꼬리의 흔적을 찾아
빙빙 돌며 낑낑댄다

길, 길

출근길 보도 위
늦가을 낙엽들이 멍석처럼 뒤덮였다

낙엽의 길이 나보다 앞서나간다
앞서 가다가도
피곤하면 쉬란 듯이 잠시 서서
내가 오기를 기다리기도 한다

낙엽 위로 먼저 걸어간 발자국
그 위를 밟고 지나가면
그때마다 새로운 길이 만들어 진다
한 점 소슬바람이라도 불게 되면
샛길이 생겨나 같이 걷는다

오늘은 누가 나보다 앞서 갔을까
신문배달 학생이 내달렸겠지
숙취한 샐러리맨이 졸면서 걸었을 테고
고3 학생도 리시버를 꽂고
중얼거리며 갔으리라

헤아릴 수 없이 많은 길들이 걷고 있다
앞서 가고 뒤처지기도 하는
사방으로 헝클어진 발자국들
청소부가 닳아진 싸리비로
지우개 지우 듯 쓰러버려도
또 다른 길이 열린다

올림픽 폐막식

만국기가 바람에 펄럭인다
펄럭일 때 마다
가슴시린 환희가 터져 나온다
가슴을 펄럭이며
파아란 하늘 끝까지
등짝을 펄럭이며
푸르고 싱싱하게 휘날리던
그날을 환호하고 있다
시들어버린 내 가슴에 모닥불을 놓는다
천지에 함성 가득하다
오륜기와 태극기 성조기 오성기 일장기…
올림픽 종합경기장 하늘을 비상한다
온몸으로 그날을 말하고 있는 깃발들
힘차고도 슬픈 절정!

4부
길이 불편하다

코리아 나의 조국

이름만 들어도 가슴 설레는
나의 조국 코리아

꿈에도 잊을 수 없는 조국을
떠나와 산 지 몇 해던가

극동에 있는 나의 조국
조상들이 수천 년 살아온 곳

무수한 외세의 침략을 물리쳐
자유를 지켰고 전쟁의 폐허에서
장미꽃을 피운 곳

대륙에서 해가 맨 처음 뜨고
사계절이 있는 곳

3월에 들판에 봄기운이 시작되면
고향의 바위틈과 언덕에서 봄이 싹트고

배꽃과 살구꽃이 활짝 피며
부드럽고 향기로운 봄바람이 부는 곳

세월이 가도 봄 여름 가을 겨울
사계절이 변함없이 찾아주는 곳

유년의 친구들은 아직 그곳에 살고 있을까
고향을 멀리 떠나와 있어도
그리움은 갈수록 깊어만 간다

품은 꿈을 이룰 수 있는 곳
커다란 백학이 되어 하늘 높이 날아올라
그리운 고국을 다시 보고 싶다

낙엽의 흔적

해질 무렵
도로변 가로수 곁
낙엽을 쓸어 담은 누르스름한 자루들
서로 몸을 기대고 눈을 맞고 있다

쓰레기차를 기다리는
푸석하게 메마른 나뭇잎 자루 위
흩날리는 눈송이들

버스를 기다리는 할머니 그 모습을 오래오래 바라
보고 있다
지난 계절
고왔던 그 많은 색깔들
화려했던 시간들을 되돌아보는 듯

버스는 좀처럼 오지 않고
나뭇가지에서 흩어지는 앙상한 눈발들
가슴시린 그리웠던 순간들
쭈그러진 할머니 볼에 번지는 얼룩

눈발은 자꾸 굵어지는데
한 잎 할머니 아직도 그 자리에서 흩날리고 있는데
끝이 보이지 않는 겨울 해거름

호두껍질 속의 우주*

정월 대보름날
호두를 깬다 부스럼을 깬다
단단한 힘은 내부에서 나오는 것이라고
출발과 끝이 모호한 딱딱한 껍질에
집게를 물린다

바깥으로부터 부챗살이 중심으로 모여 들듯
나의 힘이 살을 타고 뻗어가 우주를 열고 있다

시작도 끝도 알 수 없는 기나긴 기다림 속
무한 공간의 주인 그가 오늘
긴 잠을 깨리라

생이란 기다림 속에 묻힌 하루라고
쉽게 말해도 되는지
어느 질긴 인연을 붙잡고
하루를 겨우 살아가는데

흐르는 시간의 깨어짐은 다른 세계로의 통로다
홀로 어두움을 밀치며 억겁을 달려 온
저 우주는 또다시 억겁을 가리라

* 물리학자 스티븐 호킹 저서의 책이름

길이 불편하다

이십여 년 동안 신어온 구두를
신발장에서 내보내야 한다
구두창을 더 이상 갈 수가 없다고 한다
나의 중년을 실어 나르며 말없이 지켜주던 그 친구도
처음부터 친한 사이는 아니었다
처음 만나던 날부터 몇 달간은
서로 서먹서먹하였다
뻣뻣한 성질 때문에 물집이 생긴 발등은
종이나 헝겊으로 덧씌워 주기도 하고
발바닥을 조여 오면 끈을 헐렁하게 풀어주고
달래보기도 하였다
언제부터인가 목에 힘주고 고집 센 그와
깐깐한 내가 서로 동화되었다
신발장의 다른 구두를 제쳐두고
다른 친구들 다 밀쳐두고
너와 나 단둘이서 머나먼 길 걸어왔다
구두코는 아직도 팽팽한데
내 기억속의 네 웃음은 아직도 멀쩡한데
수술을 할 수가 없다니,
이제 나 혼자서 걸어야 하는
저 길이 불편하다

겨울나무

겨울나무들이 허공에
둥실둥실 떠 있다
눈과 얼음
산정에 매어놓고

나뭇가지 끝마다
햇살을 보듬으며
영하의 주변을
서성거리던 마음도
멀리멀리 내 보내고

언 가슴 삭이면 새순이
돋아나고
눈과 얼음 잠을 깨면
물이 흐르는 듯

마지막 잎새마저
벗어 버리고
추위도 잊고
부끄러운 것도 모르는 체……

오는 봄을 재촉하는
겨울나무들

힘겨루기

송파 성내천 다리 밑
교각의 육중한 그림자 속에 숨은 듯
엎드린 움막집
아침저녁 마주치는 그 라면 박스가
어느 시인의 창작 실이라는데
구청 직원이 철거하면 오뚝이처럼
발딱 일어서는 집
허물기와 세우기를 수십 차례 하고 있다
구청과 시인 사이 언제나 팽팽하다
숨겨진 뼈마디 끝점까지 찾아오는 강추위와
빳빳하고 두꺼운 규칙이 힘겨루기를 한다
시 쓰기만 고집하다 홀아비가 됐다는
꾀죄죄하고 늙수그레한 시인
한사코 다리 밑에 구름집을 세워보지만
허사가 되곤 한다
그 긴장의 사잇길을 걷다 보면
그만 두어야 할 것이 계속되어 안타깝고
그만 두어서는 안 될 것이
오늘도 내일도 그치지 않을 것 같아 안타까운데

나를 알지 못한다

날마다 안경을 끼고 출근한다
이제 안경은 나의 신체 일부다
만원 전철을 타면 안경에 뽀얀 이슬이 갑자기
끼면서 아무것도 보이지 않는다
앞사람이 누구일까
빈 좌석이 남아 있을까 손잡이는 어디쯤 있을까
앞이 보이지 않는 나는 창이 닫힌 암실에서처럼
손을 더듬거리며 나의 위치를 확인해야 한다
습관이 쌓이면 망각의 세계로 들어간다
안경을 주머니에 넣고 눈을 두리번거리지만
아직까지 한 번도 보지 못한 세상처럼
모든 것이 뿌옇고 불투명하다
망각의 세상은 어떤 모습일까
내가 막 태어나기 전 그리고 그다음의 밝은 세상은
지하로 전철이 들어가자
유리창들이 갑자기 깜깜해지더니
유리창마다 낯선 사람들이 나타난다
내 모습도 틀림없이 그 세상에 섞여 있으련만
불분명한 세상이라 구분되지 않는다
나를 알지 못하겠다

가없는 모정

적십자 병원 803호실
길에서 고물을 줍다 넘어져 119에 실려 온 그녀가
한 달째 입원 중 이었다
분명 벙어리는 아닌 듯한데
연고자를 묻는 말에 완강하게 함구하는
그녀의 입을 아무도 열 수 없었다
깊숙이 쟁여 넣은 그녀의 말을
꺼낼 수가 없었다
눈빛이 따뜻한 간호사가 가끔
그녀를 읽고 갈뿐
옆 침대의 환자들께도 있는 듯 없는 자리로
서서히 잊어져 갈 무렵
아무도 배웅하지 않는 길을 마침내
그녀가 떠나가고
신주단지처럼 끼고 있던 때 묻은 보따리에서
꼬깃꼬깃 구겨진 아들의 주소
제 한 몸의 근심을 혼자 안고 가려했던,
죽음보다 더 아프게 그녀를 조였을 핏줄의 그리움을
침묵으로 끊어버린, 그 칼날을,
우리는 모정이라고 쉽게 불러도 되는지
막무가내로 내린 그해 폭설이
그녀의 설움을 좀 덮기나 했는지

어설픈 옷고름

두루마기를 입는다 설날 아침
분명 짧고 긴 고름으로
옷고름을 순리대로 엮었다 싶었는데
삼베를 질끈 동여 맨 듯 사자의 얼굴처럼
고와 매듭이 모두 뒤틀려있다
주름진 옷매무새에서
어설픈 나의 지난날들이 읽혔다
저고릿고름을 대충대충 동여매고
그 위에 단추가 달린 조끼와 마고자로
허물을 덮고 살았었다
바깥쪽 마고자의 화려한 호박 단추는
궤도를 일탈하며 지름길로 달려온
나의 그늘진 비탈길을 감추어 주었다
마고자위에 두루마기까지 입는 날은 달랐다
빠른 길 어설프게 매어진 두루마기 옷고름은
찡그린 얼굴 맨살 그대로다
서두르지 말고 순리대로 살라고 한다
잊혀진 순서를 되뇌며 또다시
풀었다 매었다, 옷고름 매기를 십여 차례,
나는 가까스로 활짝 웃는 옷고름을 앞세우고
옷깃을 여미어 세배를 했다

산타피아노

막내가 초등학교 시절 두들기던 피아노
유리 창가 그 자리를 늘 지키고 있다 오늘
가만가만히 뚜껑 속에서 잠자고 있는 음표들을
하나씩 꺼내보는데
갑자기 수십 개의 희고 검은 건반들이 한꺼번에
오르락내리락 깔깔거리며
상쾌한 크리스마스 캐럴이 크게 울려 퍼진다
산타할아버지가 눈썰매를 타고 피아노 위를 달려간다
코가 빨간 두 마리 루돌프사슴 저마다 심호흡을 한다
선물 보따리 속의 인형이 눈을 맞으며 손을 흔들고 있다
눈썰매는 함박눈을 맞으며 은행나무 사이를 빠져나가
교회 종탑을 지나 동네 산등성이를 넘어서 간다
최전방 눈 속에 묻혀 철책을 지키고 있는 그 녀석
북쪽 어린이들께 피아노를 선물하고 싶다고 하더니
지금 그때의 그 아름다운 소원을 기억이나 하는지
쏟아져 나온 캐럴에 애비의 마음도 함께 묶어 보낸다

막차

밤11시46분 강변역 막차시간
영하 15도의 강추위를 뚫고
냅다 뛰었지만 전차 문은 칼같이
코앞에서 닫혀버린다

허탈 하는 순간
멈춤과 움직임이 교차하며
전차는 거드름피우며 앞을 스쳐간다
눈부시게 밝은 차창 너머로
틴에이저 연인이 껴안고 환하게 웃으며
그 곁에 두 젊은이가 제스처를 하고
전차를 멀리 멀리 어둠속으로 끌고 간다

마지막 전차가 떠나버린 플랫폼
어두움과 매서운 추위 속
소름끼치는 고요가 뒤덮인다
어제도 놓쳤었는데…
떠나보낸 아쉬움은 울음처럼 짙게 심연을 흔들고
갑자기 허기지며 메고 있던 가방이 무거워 진다
아내가 끓이고 있을 된장국이 삼켜 진다
막차시간에 맞춘 저녁식사 시간

뻥 뚫린 가슴속으로
아내가 밥상을 들고 들어온다
불현듯 자동차도 들어온다

깡통 경전

아파트 재활용 박스
버려진 깡통들 한가롭게 모여있다
아침 햇살 옹기종기 가두어 놓고
벌어진 입으로 무엇인가
말하는 것 같은데 내 귀에는 들리지 않는다
새로운 깡통이 들어 올 때마다
속이 텅 빈 금속성 소리가 튀어 오른다

저 비어있는 것들은 자신의 삶이
얼마나 답답했는지 기억하고 있을까
가슴에 담은 모든 것 다 꺼내었으니
이젠 속 시원하게 말할 수 있을까
오랜 세월 입 다물고 살아왔는데……

그들도 엇갈리는 인연 속에서 때론 서로
등을 맞대며 살았을 것이다
얼굴에 새겨진
푸른 바닷가의 풍경과 시원한 바람,
현란한 글자들은
이미 색이 바래 차라리 편안하다
이른 아침

재활용 박스에 펼쳐진 경전
젖은 햇살이 밑줄을 그은 채
그만 잠이 들었다

김에 침몰하다

그는 나를 덮쳤다, 일순간
그의 억센 손바닥이 등 뒤에서
내 눈을 거칠게 압박하였다
순간 나는 시력을 잃은 채 비틀거리며
아득한 존재의 블랙홀로 빠져 들어갔다
사방을 허우적거렸다
무엇이든 잡을 수 있을 것을 달라고
나는 울리지 않는 비명을 크게 질렀다

얼마쯤 시간이 지났는지,
내 눈을 누른 그의 손바닥이 조금씩
힘을 풀더니
눈앞에 흐릿한 빛살이 스며드는 듯 했다

버스는 계속 흔들리며 겨울의 도심지를 달렸고
나는 안경에 서린 김 탓으로 힘이 빠져
너무 쉽게 침몰해버린 나를
천천히 인양하고 있었다

그대를 보낸다

향 피우고 예 올리고 상주와 인사 할 때
조문객들 오가고 처자식과 친지들 슬피 울어도
아는 듯 모르는 듯 잔잔한 미소

영정 속 그대
반가이 손님들 맞아 안부도 묻고 옛이야기 나누고도
싶겠지
병마와 싸웠던 고통이며
그동안 못 마셨던 술 맘껏 마시며 취하고 싶기도
하겠지
이승의 마지막 밤을 함께 즐기자고
국화 속에서 금방 걸어 나올 듯한데

무심한 사람아
창밖엔 세월처럼 어둠이 덮치고
더 큰 어둠속으로 그대는 떠나가려나
시나브로 꽃잎이 지듯
우리의 우정도 시들어야 하는지
부질없는 눈물로 그대를 보내니
남은 자의 길이 다만 아득하기만 하네

추전역*

구름도 쉬어가는
첫눈이 다른 곳보다 일찍 내리는 산골
겨울이면 쓸쓸한 낙엽과 눈꽃을 부려놓고
가슴시린 사연들 가득
외로운 광부들의 무거운 발걸음 보듬고 떠났던
싸리밭골 언덕에 있는 추전역
내 청춘의 기차도 잠시 머물렀던 곳
숙직실 밖에는 밤새 함박눈이 쌓이고
조개탄 난로가 뜨겁던 간이역
낯설음도 외로움도
감자탕 한사발로 달래주던
춥고도 따뜻했던 역
방마다 별 같은 이야기꽃 가득 차
창문만 열면 좌르르 쏟아질 듯, 날아갈 듯
해발 855미터 흰 구름에 걸려있는 정거장

칙칙폭폭, 철길 따라 푸른 신호등 따라
생의 절정에 다다른 십일월의 숲을 지나
어두운 터널을 건너온 세월,

그리운 순간마다
싸리밭골 숲길을
더듬어 보는데

* 추전역 : 강원도 위치한 한국에서 제일 높은 역

일기 쓰기

가면을 벗고 옷도 벗고
알몸으로 텅 빈 무대 위에 서니
네 몰골, 눈물 난다
화려한 박수는 간데없고
빈 의자만 남았구나
관객이 떠난 이 시간
오늘을 되감기하여 너를 다시 본다
처음부터 빗나간 화살
뻥 뚫린 허공 뿐
즐거움과 노여움 사이에서 깨춤이나 추며
야유의 손가락질 모른 채
헛되고 부질없이
희희낙락 광대놀음만 하였구나
아서라, 게으르고 멍청한 놈!
오늘 마지막 후회 끝에
마침표나 찍어라

평설

필링과 힐링의 연인
– 이한재 시집 『징검다리』를 살피다

김용재
시인, 국제PEN한국본부이사장

Ⅰ.

이한재 시인은 국회와 전국문화원연합회가 공동 주최하는 전국 창작시공모(2005)에서 은상을 수상하면서 문학인으로서의 얼굴을 알렸고, 2008년 계간 《시선》을 통해 시인으로 등단하였다. 그리고 2021년 월간 《수필문학》을 통해 수필가로 더불어 등단을 했다. 그의 창작열은 늦바람 불길처럼 타올라 국어시집 3권, 영어시집 4권, 수필집, 국문판, 영문판 등 벌써 9권의 저서를 선보였고 미국 내 문예지에도 작품 발표를 열심히 해왔다.

시인 자신이 쓴 서두의 글을 참고하여 그의 시심이나 시작과정을 추적해 보면 그는 ① 여유 있고 생기 있는 시를 지으려고 노력한다. ② 시가 이웃이 되고 친구가 되고 형제가 될 수 있다는 의식을 키워낸다. ③ 삶을 사랑하며 사랑을 고백하듯 트여있는 마음을 그린다. ④ 긍정적 시선으로 사물을 보고 관찰하며 희망의 불빛이듯 밝게 위로의 시심을 전개한다. ⑤ 분주하고 고달픈 세상살이를 밝고 넉넉하게 그려내고자 한다. ⑥ 비판의식이나 질서의식의 내면에 소외나 아픔이 깔려있는 경우도 많이 있다. 마침내 시인들이 겪는 사실적 고뇌의 현장에서 그의 서정적 수련의 역정은 아름답게 빛나고 있다는 것을 알게 될 것이다. 먼저 우수한 표현의 시현장을 찾아가 본다.

시간의 관절은 삐걱거리며
꽃향기에 취해 이리저리 비틀거리는데
　　　– 〈초록의 반란〉에서

덩달아 오금까지 들썩들썩
가지 끝 올라탄 햇살
　　　– 〈간지럼, 간지럼〉에서

비둘기 날개 속에
바람이 숨어있다
　　　– 〈바람〉에서

한 줄기 강바람이 다리 밑으로 다이빙한다
…
희열이 묻힌 고요가 찾아오고
…
세월의 지면도 한 페이지씩 넘겨진다
　　　　　　　- 〈햇살과 그늘의 콘서트〉에서

이승의 날개에 붙은 업보의 번뇌를
하나씩 털어내고, 지순한 불심을 얻는다
　　　　　　- 〈하루 동안의 눈부신 아름다움〉에서

좁고 가늘어진 바람소리
빛바랜 아파트 모퉁이를 돌아가는 햇살
　　　　　　　- 〈서민 아파트〉에서

어쩌다 헤진 옷자락이 어깨를 쓸며
지나갈 땐 나는 슬프게 반짝인다
　　　　　　　- 〈수덕사 문지방〉에서

간밤 어둠을 헤집고 나온 싱싱한 햇살들
바람 구멍 숭숭한 소나무 숲
　　　　　　　- 〈휘파람〉에서

흐르는 시간의 깨어짐은 다른 세계로의 통로다
홀로 어두움을 밀치며 억겁을 달려온
저 우주는 또다시 억겁을 가리라
　　　　　　- 〈호두껍질 속의 우주〉에서

구두창을 더 이상 갈 수가 없다고 한다
나의 중년을 실어 나르며 말없이 지켜주던 그 친구도
처음부터 친한 사이는 아니었다
　　　　　　- 〈길이 불편하다〉에서

어떻게 생각하시는가. 여기까지만 보아도 젊은이 못지않게 돋아난 시인의 생기와 활력 있는 음성을 감지할 수 있을 것이다. 시인의 타고난 재능과 조탁 연마한 노력의 과정에서 한 편 한 편 좋은 시가 탄생했을 것이란 생각을 또한 떨쳐버릴 수 없을 것이다.

Ⅱ.
전체적으로 그의 시는 호흡이 긴 편이다. 시행(line)과 시연(Stanza)의 정리, 제목과 주제의 함축, 의미영역의 확대 등 잘 만들어진 단시들을 필자 임의로 선정, 감상을 돕고자 한다.

하늘이 그토록 높은 줄을
알지 못한 풍선은
한사코 오르려고 발싸심한다

가느다란 외줄 하나에 온 생을 걸고
저 높은 정점을 향하여
안절부절 날개를 그린다

막무가내 오르려고만 하는
오! 가여운 무지렁이들
발밑이 절벽인 줄 저들만 모른다
　　　　　　　– 〈애드벌룬〉 전문

　애드벌룬은 ad(vertising)+balloon의 의미이며 공중에 띄우는 광고용 풍선이다. 3행씩 3연으로 이루어진 짤막한 한 편의 시이지만 의인화의 내면을 읽으면 시사하는 바 적지 않다. 1연의 "한사코 오르려고 발싸심한다"는, 하늘 높은 것 모르고 몸을 비틀며 비비적대는 인간의 모습이 비유적으로 드러난다. 2연의 "안절부절 날개를 그린다"에 오면 헛된 욕망의 절정에 이른 안타까움이 내재한다. 초조하고 불안하여 어찌할 바를 모르는 '안절부절'과 날개의 그리움이 상충적 의미로 작용한다. 3연에 오면 애드벌룬에 비유된 가여운 무지렁이들이 나타난다. 오르려고만 하고 발밑이 절벽인 줄 모르는 어리석은 사람들의 비유적 광고용품이 곧 애드벌룬인 셈이다. 상대적 입장에서 우리는, 풍선을 타고 하늘을 나는 어린시절의 예쁜 꿈이 그리운 시절을 상기해 볼 수 있을 것이다.

> 아침마다 거울 앞에서 면도를 한다
> 거품을 바르고 날카로운 칼날로
> 눈언저리 잔털부터 턱밑수염까지 깎아내린다
> 오래된 얼굴에 무성한 잡초
> 부드러운 거품으로 감싸고
> 왼쪽 눈 좌측부터 훑어 내린다
> 예리한 칼날을 피부에 밀착시켜
> 삶의 찌꺼기들
> 때와 함께 덧씌워진 미움도 씻어 내린다
> 주름마다 눌어붙은 세월도 떼어내고
> 두꺼워진 철판도 깎아내린다
> 베어내도 베어내도 끝이 없는 잡초들
> 스킨로션으로 잠깐 두들겨 달래고
> 내 얼굴의 시계 바늘을 획!
> 십년 전에 고정시킨다
> 잡초 밭에 잠깐 젊은 해가 떴다
>
> ― 〈면도〉 전문

면도는 남성들의 중요한 아침 일과, 한 부분이다. 여성들의 화장에 비견할 만하다. 일반적인 생각으로 턱수염, 콧수염… 그놈만을 밀어내면 면도의 업무가 끝나는 것 같지만, 이 시인에겐 그렇지 않다. 훨씬 많은 인생의 세척 의미가 부여되고 있는 것이다. 예리한 칼날을 피부에 밀착시켜 얼굴에 무성한 잡초를 훑어 내리고 삶의 찌꺼기들을 씻어내리고 때와 함께 덧씌워진 미움 또한 씻어내린다. 주름마다 눌어붙은 세월도 떼어내고 두꺼워진 철판도 깎아내린다. 여기 철판은 체면이나 염치를 돌보지 않고, 부끄러움도 느끼지 못하고, 몹시 뻔뻔스런 두꺼운 얼굴을 비유한 것이다. 그렇게 해서 시계바늘이 가리킨 세월을 보면 10년 젊어진 얼굴이 보이는 것이다. "잡초 밭에 잠깐 젊은 해가 떴다"고 시인은 면도의 일과를 마무리한다. 일상의 면도를 세월의 작업으로 치부하며 자신을 돌아보는 정제된 시심이 심도 있게 펼쳐진 것이다. 장려할 만한 가치가 있을 것이다.

공원길 풀밭에 앉아
여리고 순한 풀꽃을 보네
해맑은 웃음 비릿한 푸른 냄새
지친 나를 말갛게 헹구어 주네

토끼풀꽃강아지풀제비꽃애기똥풀민들레꽃……
잡초 속에 널브러진 낯익은 꽃들
그 속에도 우주가 있고 사람이 살고 있는 듯
송이마다 한 세상씩 매달려 있네
색과 바람과 하늘을 보듬고 있네

흙에 잔뿌리를 내리고 말없이 피어나고 있는
또 다른 목숨들
비슷비슷하다가도 서로 다른 얼굴들
오늘만이라도
잠시 쉬었다 가라고하네
- 〈풀꽃〉 전문

풀꽃은 풀에 피는 꽃이다. 풀은 초본(草本) 식물의 속칭이라 한다. 초본식물은 지상부(地上部)가 연하고 물기가 많아 목질(木質)을 이루지 못하는 것의 총칭이라 한다. 국화나 수련으로부터 저 이름 모를 수많은 들꽃에 이르기까지 풀꽃은 다양하고 그 수효를 이루 다 헤아릴 수 없다. 이 풀꽃에 넉넉한 마음을 바친 시인들도 적지 않다. 따지고 보면 풀꽃은 ① 존재의 의미가 연약한 꽃 ② 소외의 연인이 될 수 있는 그저 외로운 꽃 ③ 그러나 사랑을 만나면 환한 미소로 밝아오는 꽃… 등으로 집약해 볼 수 있다. 물론 개인의 뜻이다. 여기 또 한 시인이 〈풀꽃〉이란 작품을 선보였다.

토끼풀꽃강아지풀제비꽃애기똥풀민들레꽃… 잡초 속에 널브러진 낯익은 꽃들을 시인은 보고 있다. 꽃들이 총총 붙어있는 모습을 붙여쓰기로 형상화하면서 시인은 그들과의 인연을 곱게 펴낸다. 시인의 눈으로 살펴본 그 꽃들 속에는 우주가 있고 사람이 살고 있는 듯 송이마다 한 세상씩 매달려 있고 색과 바람과 하늘을 가슴에 닿도록 꼭 껴안고 있다. 그래서 그 꽃들은 나를 말갛게 헹구어주고, 모여서 잠시라도 쉬었다 가라고 한다. 카타르시스의 감정과 아름다운 동행의 속셈을 풀꽃 속에 밝힌다. 풀꽃은 아마도 필링과 힐링의 연인으로 이 땅을 지키고 있을 것이다.

너무 오래 잊고 살았다
곧 돌아오게 되겠지 하고 떠났다

물길 사이 조약돌 사이
피라미 떼 줄지어 흘러가는
고향 마을 징검다리 건넌다

마을마다 콘크리트 다리가 세워지고
아스팔트길 새로 깔렸어도
이 길만은 옛날 그대로다

거친 물살 소용돌이 쳐 내 자신 흔들릴 때
수심 깊은 믿음으로 버팀돌이 되었고
급하게 뛰어가던 나에게 발을 헛디딜까
한 걸음씩 천천히 가라고 하였던,

오늘 이 다리를 건너며
나는 누군가의 발밑에 엎드려
징검다리가 되어 본 적 있었는지
바쁘게 휘돌아온 세월을 되짚어 본다
           - 〈징검다리〉 전문

여기 징검다리는 내를 건너는 안전을 보증해준다. 세월의 변화에 아랑곳하지 않고 옛 기념물처럼 존재한다. 흔들릴 때 안전의 믿음을 준 또한 버팀돌이다. 헛디딜까 불안을 경계하는 외침의 주인공으로 의인화되기도 한다. 이렇듯 징검다리는 양쪽의 관계를 이어주는 매개물이며 희생자이며 도우미가 된다. 우리들의 과거와 현재를 이어주고 세월의 간격과 차이를 웅변해준다. 마침내 시인은 이 징검다리를 건너며 나는 누군가? 돌이켜보는 양심을 회복한다. 그래서 누군가의 발밑에 엎드려 징검다리가 되어본 적 있었는지 지난 세월을 되짚어본다. 나를 자극하고, 나에게서 자극받은 나의 그 양심이 시심으로 빛난다. 시인이 이 징검다리를 시집의 표제로 뽑은 사연을 챙겨볼 수 있을 것 같다.

> 강변을 달린다
> 수면을 달린다
>
> 휘파람 불며 휘파람 불며
> 파란 스카프 너풀거린다
>
> 똑바로 서서 가는 자전거
> 거꾸로 서서 가는 자전거
>
> 차르륵 차르륵
> 바퀴자락 섞으며 잘도 달린다
> — 〈강변 사이클링〉 전문

〈강변 사이클링〉은 한 편의 좋은 그림이다. 사이클링의 의미로만 본다면 자전거 경주 스포츠인데, 이 시에서는 경주의 의미보다는, 자전거 타고 강변 달리기의 의미로 새겨진다. 그런데 내가 타고 달리는 것이냐, 남이 타고 달리는 것을 구경하는 것이냐를 구분해 볼 수 있는데 정경묘사의 그림으로 보면 내가 타고 달리는 쪽에 무게가 있다. 그러나 구경하는 입장에서도 묘

사의 가능성은 부족함이 없을 것이라 여겨진다. 자전거를 타고 강변을 달리는 상쾌함과 더불어 수면을 달린다는 생각은 상상일 수 있고 기분일 수 있고, 그림자의 실상일 수 있다. 휘파람은 기호나 신호의 의미가 아니라 시원한 기쁨의 소리이며 신나는 마음의 표출음이다. 파란 스카프와 조화를 이룬다. 강물과 휘파람과 스카프의 어울림도 짐작할 수 있을 것이다.

그런데 똑바로 서서 가는 자전거와 거꾸로 서서가는 자전거는 지상의 것과 물 위의 것, 그 실상일 수 있고, 현실을 보는 풍자일 수도 있다. 바퀴 자락은 바퀴가 남긴 자국, 흔적, 부분 등의 의미가 있다. 정상과 비정상의 자국을 섞어놓고 잘도 달리는 자전거의 현실이 강변 사이클링에 담겨있다. 현실이면서 상상의 세계를 확대해가는 시심은 우수한 시작법을 변증할 수 있을 것이다.

    갓밝이 무렵부터 무언가를
    수런거리는가 싶더니
    창문을 지우고
    정원도 삼키고
    앞집까지도 먹어버린다

    멀어지는 듯하다가

샛길로 다시 되돌아오는
흩어지는 듯하다가 어우러지고
햇살이 들어오지 못하도록
퀴퀴한 어둠을 고여 놓는다

아무리 큰 소리 질러 봐도 꿈쩍 않고
허공 속에 발길이 푹푹 빠지는
날카롭고 첨예한 시간을 묶어 놓는
헐렁헐렁 무거운 무쇠덩이
아침 안개

    – 〈안개〉 전문

 여기 〈안개〉는 비유 또는 상징의 강력한 표본형 작품으로 나타난다. 3연 15행의 외형적 구성에도 신경을 썼고 지구 표면에 나타난 '안개'의 자연 현상을 의인법으로 처리하여 행위자로 작용하며 결국은 안개=무쇠덩이로 시적구조를 이루고 있다. 세분해서 보면 첫 면의 안개는 수런거리고, 지우고, 삼키고, 먹어버리는 행위자로 나타난다. 제2연에서는 멀리 가는 듯하다가 되돌아오고, 흩어지는 듯하다가 어우러지고 햇살이 들어오지 못하도록 퀴퀴한 어둠을 고여놓는다. 햇살과의 반대의지, 충돌의 예감까지 섞어놓는다. 제3연에서는 인간의 소리에 꿈쩍 않고, 안개 낀 허공 속에 발길이 푹푹 빠지고, 격렬하게 활동할 시간을 묶어놓는 무쇠덩이와 같은 존재로 나타난다.

'안개속'이란 말을 추적하면 이해가 더 빠를 듯하다. 교묘한 수단, 비밀의 관계, 판단을 흐리게 하는 꾸밈, 방향이나 갈피를 잡지 못하는 오리무중(五里霧中), 퀴퀴한 어둠이 고여있는 현실의 환경, 상하고 찌들어 비위에 거슬리는 냄새… 등의 의미로 유추해볼 수 있는 안개는 무쇠덩이가 되고 있다. 강하고 굳센 것, 좀처럼 죽지 않는 힘센 목숨인 것이다. 다만 '헐렁헐렁 무거운'이란 수식어로 볼 때 조심스럽지 못하고 미덥지 않은 백수건달 같은 무게감의 제한을 받는다. 의인화의 영역이나 상징의 범위는 한계가 없다.

Ⅲ.

〈애드벌룬〉〈면도〉〈풀꽃〉〈징검다리〉〈강변 사이클링〉〈안개〉 등 단시 여섯 편을 임의로 살펴보았다. 시집 목차대로의 순서이며 다른 의미는 없다. 관찰력과 상상력, 표현 기법, 비유법, 주제 확대 및 형상화 작업 등 시작품으로서의 완성도에 근접한 수작임을 전달하고자 노력했다. 그의 시는 아마도, 풀꽃처럼 필링과 힐링의 연인으로 이 땅을 지키고 있을 것이다. 더 다른 창조의 뜻을 기리며 건강하시고 건필하시길 빈다.

국제PEN한국본부
창립70주년기념 시인선 **09**

징검다리

저자 **이한재**

기획·제작 **국제PEN한국본부** pen | 이사장 김용재
　　　　　International PEN-Korea Center　　Orum Edition

발행일　2023년 7월 31일
발행처　기획출판오름 Orum Edition
발행인　김태웅
등록번호　동구 제 364-1999-000006호
등록일자　1999년 2월 25일
주소　대전광역시 동구 대전로 815번길 125
전화　042-637-1486
팩스　042-637-1288
e-mail　orumplus@hanmail.net

ISBN _ 979-11-89486-81-5

값 12,000원

· 본 책 내용의 전부 또는 일부를 재사용하려면 반드시 저자의 동의를 얻어야 합니다.